独特的中国

了不起的
唐宋八大家

U0132167

新世界出版社
NEW WORLD PRESS

图书在版编目（CIP）数据

了不起的唐宋八大家/张雅峥编著. -- 北京：新
世界出版社, 2023.12
ISBN 978-7-5104-7784-3

Ⅰ. ①了… Ⅱ. ①张… Ⅲ. ①唐宋八大家—生平事迹
Ⅳ. ①K825.6

中国国家版本馆CIP数据核字(2023)第233041号

了不起的唐宋八大家

作　　者：张雅峥	漫画主笔：余松遥　陈　晨
责任编辑：王峻峰	策　　划：裴晓明
责任校对：宣　慧	封面设计：谭　华
责任印制：王宝根	排　　版：姿　兰

出　　版：新世界出版社
网　　址：http://www.nwp.com.cn
社　　址：北京西城区百万庄大街24号（100037）
发 行 部：（010）6899 5968（电话）　　　（010）6899 0635（电话）
总 编 室：（010）6899 5424（电话）　　　（010）6832 6679（传真）
版 权 部：+8610 6899 6306（电话）　　nwpcd@sina.com（电邮）
印　　刷：小森印刷（北京）有限公司
经　　销：新华书店
开　　本：710mm×1000mm　1/16　尺寸：170mm×240mm
字　　数：63千字　　　　　　印张：6
版　　次：2023年12月第1版　2023年12月第1次印刷
书　　号：ISBN 978-7-5104-7784-3
定　　价：32.00元

前　言

　　唐宋两代，中华文化熠熠生辉，文章妙手更是如群星一样闪耀。这其中，就有我们史上"最强文化天团"之一——唐宋八大家。他们分别是唐代的韩愈、柳宗元和宋代的欧阳修、苏洵、曾巩、王安石、苏轼、苏辙。其中，韩愈、柳宗元是唐代古文运动的领袖，欧阳修和苏洵、苏轼、苏辙是宋代古文运动的核心人物，王安石和曾巩则是临川文学的代表人物。他们先后掀起的古文革新浪潮，让一度气运陈旧的古诗文焕发出了崭新的活力，可以说在推动传统文学发展进步的过程中，这八位文学大家功不可没。

唐宋八大家人物简介

△ 唐代文学家、哲学家

△ "唐宋八大家"之首

△ 贞元进士，官至吏部侍郎

△ 桃李满天下

△ 发起古文运动

△ 创造了三百多个成语，堪称
"古今成语第一人"

△ 代表作品：《左迁至蓝关示侄孙湘》
《师说》《马说》

韩　愈

△ 唐代文学家、哲学家

△ 主张儒、释、道"三教调和"

△ 贞元进士，与韩愈共同倡导古文运动

△ 代表作品：《江雪》《小石潭记》
《捕蛇者说》

柳宗元

△ 北宋文学家、史学家

△ 北宋古文运动的领袖

△ 千古伯乐，举贤荐能

△ 天圣进士，官至翰林学士、
枢密副使、参知政事

△ 代表作品：《采桑子》《踏莎行》
《醉翁亭记》

欧阳修

△ 二十七，始发奋

△ 北宋散文家，以文章著名于世

△ 教子有方，一门三学士，与其子
苏轼、苏辙合称"三苏"

△ 代表作品：《六国论》

苏　洵

△ 北宋文学家

△ 被尊为"醇儒"

△ 嘉祐进士，官至中书舍人

△ 代表作品：《西楼》《醒心亭记》
《游山记》

曾 巩

▷ △ 北宋政治家、思想家、文学家

▷ △ 庆历进士，官至宰相

▷ △ 主持"王安石变法"

▷ △ 代表作品：《登飞来峰》《元日》
《泊船瓜洲》

王安石

△ 嘉祐进士，官至礼部尚书

△ 北宋文学家、书画家，宋代文

学杰出代表

△ 宠辱不惊，几度被贬，依然乐观

△ 代表作品：《饮湖上初晴后雨》
《江城子·密州出猎》
《水调歌头》

苏 轼

▷ △ 北宋散文家，嘉祐进士

▷ △ 手足之爱，平生一人

▷ △ 代表作品：《初发彭城有感寄子瞻》
《上枢密韩太尉书》

苏 辙

目　录

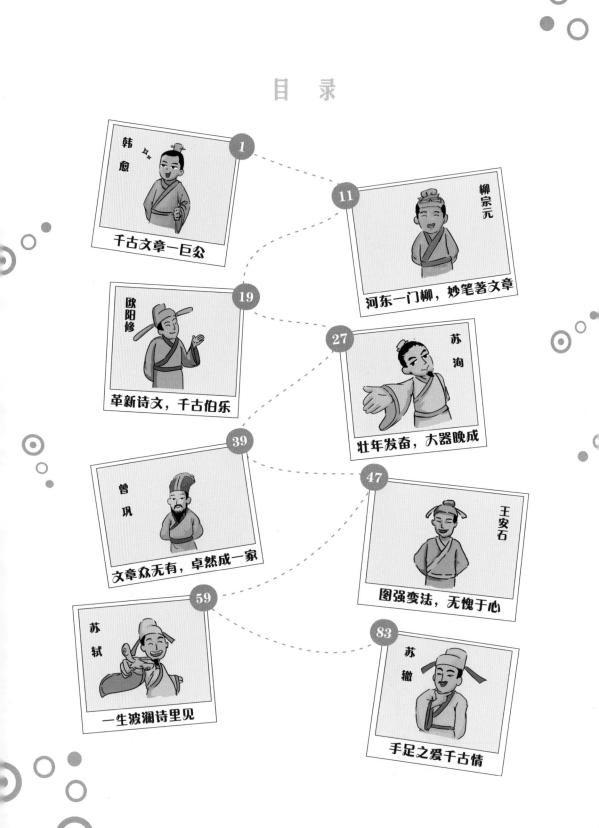

韩愈

千古文章一巨公

韩愈（768—824），字退之，世称韩昌黎，卒谥文，世称韩文公。河南河阳（今河南孟州南）人。唐代杰出的文学家、哲学家，是"唐宋八大家"之首。在政治上，他反对藩镇割据；在思想上，他尊崇儒学；在文风上，他提倡散体，与柳宗元同是古文运动的倡导者，并称"韩柳"。他的散文气势雄健；他的诗歌奇崛雄伟，对宋诗影响很大，诗与孟郊齐名，二人并称"韩孟"。苏轼对他的评价是"文起八代之衰，而道济天下之溺；忠犯人主之怒，而勇夺三军之帅"。

桃李天下，投身教育做伯乐

韩愈原本家世不错，祖辈曾经为官，但到了他这一代却生活困苦。《新唐书》中记载他"三岁而孤"，是跟随兄嫂长大的，但他努力学习，在《与凤翔邢尚书书》中他说自己"七岁而读书""十三而能文"，正是这样的童年经历磨砺了他的性格。

786年（唐贞元二年），十九岁的韩愈怀揣梦想，进京赶考。不想连考三次，居然全都失败了，直到六年以后的第四次考试，才终于考取了进士。按照唐朝的有关规定，考取进士之后，还得再参加一次博学宏词考试才能当官，韩愈于是又考了三次，结果全考砸了。

这可把韩愈气坏了，三次给宰相写信，想好好说道说道这事，可人家压根不搭理他。于是他写下了著名的《马说》："世

有伯乐，然后有千里马。千里马常有，而伯乐不常有。"感慨自己的才华没有人赏识。

796年七月，韩愈终于等来了一位伯乐——宣武节度使董晋。有了董晋的推荐，韩愈终于得以试任秘书省校书郎，并出任宣武节度使观察推官。韩愈在这个工作岗位上一干就是三年，这期间他利用一切机会推行自己的新思想，提出文章要用真心来写，提倡散体，发起了一场轰轰烈烈的古文运动。

所谓"古文"，是针对骈文而言的。骈文是六朝以来盛行的文体，讲究排偶、辞藻、音律、典故，虽然也有一些很优秀的作品，但大多数是形式僵化、内容空虚的文章。而"古文"，则是指先秦和汉朝的散文，质朴自由，不受格式拘束，有利于通过反映现实生活来针砭时弊，表达思想。"古文运动"，旨在反对骈文，提倡古文。

这一段时间，也是韩愈的创作高峰时期，他同时开门讲学，培养文学青年，成了慧眼识英才的伯乐，很多年轻人慕名投入"韩门"，张籍、李翱、皇甫湜等人都是他的弟子。

欢迎入学。

802年，韩愈终于步入京师政府机构当官，任国子监四门博士，负责教授低级官员子弟及优秀的平民子弟。

这个时候，他写出了著名的《师说》，系统提出师道理论，"是故弟子不必不如师，师不必贤于弟子，闻道有先后，术业有专攻，如是而已"。这篇文章其实是针对当时"耻学于师"的坏风气所作。中唐时期，藩镇割据，科举腐败，当时士大夫阶层在门第观念的影响下普遍存在着从师"位卑则足羞，官盛则近谀"的心理。看到那些权力大的人任意践踏"师道尊严"，韩愈于是大声疾呼"尊师重道"，用意颇深，具有斗争精神。他提出的"是故无贵无贱，无长无少，道之所存，师之所存也"可谓振聋发聩，传诵至今。

韩愈一生桃李满天下，这也奠定了他成为文坛领军人物的基础，"手持文柄，高视寰海""三十余年，声名塞天"，气场实在太强大了。

韩愈的文学成就主要体现在散文方面，他在继承先秦、两汉古文的基础上，加以创新和发展，气势雄健。而他"以文为诗"的诗歌创作手法，则与初唐及盛唐的前辈诗人有很大不同。他的诗风奇崛雄伟，力求新警，有时流于险怪；又善为铺陈，好发议论，对宋诗影响很大。他与孟郊齐名，二人并称"韩孟"。陈寅恪先生在《金明馆丛稿初编·论韩愈》中赞赏他写出了不少"既有诗之优美，复具文之流畅，韵散同体，诗文合一，不仅空前，恐亦绝后"的佳作。

直言勇谏，敢做文章逆龙鳞

稳稳当当做个老师并不是韩愈的终极梦想，有了之前多年的磨砺，他希望自己的一生中还能有更大的作为。803年，韩愈晋升为监察御史，这个工作的性质就是看到天下有任何不好的事情都可以直接报告给皇帝。

就在这一年，关中大旱，韩愈亲自查访，看到灾民流离失所、饿殍遍野的悲惨景象非常难过。谁知当时负责京城行政的京兆尹李实却封锁消息，谎报说关中粮食丰收，老百姓安居乐业。这下可把韩愈气着了，他愤怒地写下《御史台上论天旱人饥状》向上反映情况，请求朝廷为饥民减免赋税，没想到反遭李实一伙的陷害，韩愈被贬为连州阳山县令。

韩愈并没有因此一蹶不振，下到基层继续努力工作。直到806年，唐宪宗登基了，韩愈被召回长安，官授权知国子博士，除教授学业外，还作为皇帝政治咨询的顾问。这一次，韩愈终于可以施展雄心抱负了。

后来，韩愈写下了《晚春》一诗，通过赞美那些趁着春天还没结束，继续努力绽放芳华的树木花草，来抒发自己老骥伏枥、壮心不已的豪情。

晚　春

草树知春不久归，百般红紫斗芳菲。
杨花榆荚无才思，惟解漫天作雪飞。

　　这首诗又叫作《游城南晚春》，想来是韩愈去郊外春游所作的随感。诗中巧妙地运用了拟人的修辞手法，说花草树木也都有惜春争春的心思，它们努力地散发着对生活的热爱，蓬勃地生长，努力地绽放！读了这首诗，谁还能说草木无情呢？

　　在新的工作岗位上，韩愈也像笔下的草木一样充满了热忱，他依旧保持了自己直率的个性，对于看不惯的事总想讨个说法，一点没有接受之前被贬的教训。819年，韩愈甚至直接对皇帝开火了，针对的就是著名的"迎佛骨事件"。

　　那个时候，唐宪宗笃信佛教，准备派使者前往凤翔法门寺迎佛骨入宫侍奉，上有所好，下必甚焉，长安一时间掀起了信佛狂潮。韩愈对这个事很有意见，于是不管不顾地写了一篇《论佛骨表》，直接对皇帝提出严厉批评。

韩愈认为，侍奉佛骨这事简直太荒唐了，他不但教育皇帝说不应信奉佛教，还举了历史上好多例子吓唬唐宪宗，说历朝佞佛的皇帝都"运祚不长"，"事佛求福，乃更得祸"，最后干脆要求将佛骨烧毁，以免天下人被这股风气误导。

这可把宪宗皇帝给气坏了，要用极刑处死韩愈，幸亏有裴度、崔群等人为他求情，他这才幸免一死，被贬为潮州刺史。

韩愈接到调令，只得孤身一人仓促上路，走到蓝田关口时，只有他的侄孙赶来为他送行，韩愈就在这里写下了一首名传后世的诗作《左迁至蓝关示侄孙湘》。

左迁至蓝关示侄孙湘

一封朝奏九重天，夕贬潮州路八千。

欲为圣明除弊事，肯将衰朽惜残年！

云横秦岭家何在？雪拥蓝关马不前。

知汝远来应有意，好收吾骨瘴江边。

这首诗是韩愈的七律佳作。首联一上来就用"朝奏""夕贬""九重天""路八千"这样的强烈对比，起到了震撼人心的

作用。"云横秦岭家何在？雪拥蓝关马不前"更是勾画出悲壮的场景，寓情于景，读来令人感慨万千。我们在赏析这首诗的时候，可以把它和《论佛骨表》放在一起阅读。这一诗一文，充分表现出韩愈思想中进步的一面，也体现出他伟大的人格——为了真理，不畏权势。

才名冠世，何止文章万古芳

唐宪宗去世后，他的儿子唐穆宗上台，又召回了韩愈。历史流转到了822年，五十五岁的韩愈出任吏部侍郎。

这一时期的韩愈心情很好，一生的坎坷，到了此时都成为他最可宝贵的经验阅历，也成就了他在文学方面的辉煌业绩。虽然他已年近花甲，但他不为岁月易逝而悲伤颓废。韩愈抖擞精神，迎接着生命中的又一个春天。在他这一时期的诗作中，随着那些优美的文字，流露出他对人间的赞美和对生活的热爱。

春日踏青，是咱们国家有着悠久历史的节令性民俗活动。到了唐代，这种惬意又文雅的春游活动更为盛行，其中自然少不了那些文人墨客的踊跃参加。韩愈就是其中的积极分子。这一天，韩愈想到郊外春游，又觉得自己一个人去怪没意思的，便打算叫上他的好朋友张籍。可张籍没有接受邀请。

韩愈只好自己玩了一通，总觉得不够尽兴，这么好的春色美景无人分享实在是太遗憾了。于是他回家后字斟句酌地创作了一首诗，描写初春时节长安草色青青、一片生机勃勃的盛景，然后专门送给张籍看。因为张籍在同族兄弟中排行第十八，所以诗名就叫作《早春呈水部张十八员外》。

早春呈水部张十八员外

天街小雨润如酥，草色遥看近却无。

最是一年春好处，绝胜烟柳满皇都。

韩愈以诗为画笔，描绘出一幅淡雅清新的水墨画，把早春的自然之美提炼成动人心弦的艺术之美。静心欣赏，仿佛还能从中隐隐嗅到那微雨过后草叶含露的清香呢。相信老张读了以

后，一定很后悔自己错过了欣赏这么美好春色的机会！

824 年，韩愈在长安靖安里的家中病逝，终年五十七岁。朝廷追认他为礼部尚书。1078 年（北宋元丰元年），宋神宗又追封韩愈为昌黎伯，并准其从祀孔庙。

韩愈最令后人铭记的，除了那些传颂千古的诗文，更是他的文人风骨、君子正气，堪称文章一大家，世间伟丈夫！

柳宗元

河东一门柳，妙笔著文章

柳宗元（773—819），字子厚，河东解县（今山西运城西南）人，世称柳河东。唐代文学家、哲学家。散文多学西汉文章，峭拔矫健，说理透彻，结构谨严。又工诗，风格清峭，与韦应物并称"韦柳"。在哲学上，他认为"元气"是物质的客观存在，提出天地、元气、阴阳不能"赏功而罚祸"。尊信佛教，有儒、释、道"三教调和"的主张。

一度被贬，写下不朽名篇

柳宗元自幼聪敏颖悟，793年考中进士的时候才二十一岁。与他同榜得中的一位诗人刘禹锡，后来成为他相交一生的好朋友。

798年，二十六岁的柳宗元参加了博学宏词考试，顺利中榜，成为集贤殿书院正字，负责整理编辑图书资料、经籍文献。

805年，唐德宗驾崩，皇太子李诵继位，即顺宗，改年号为永贞。唐顺宗登基后，重用王伾、王叔文等人，柳宗元由于与王叔文等政见相同，也被提拔为礼部员外郎。王叔文是唐中期的政治家、改革家，他逐渐掌握了朝政大权，身边聚集了柳宗元、刘禹锡等一批志同道合的大臣，形成了一个政治集团。他们推行了一系列的改革措施，包括抑制藩镇势力，加强中央权力，贬斥贪官污吏，整顿税收，废除宫市，罢黜五坊的宦官等，史称"永贞革新"。

> **知·识·卡**
>
> 五坊是唐代为皇帝饲养猎鹰、猎犬等玩物的官署，分为雕坊、鹘坊、鹰坊、鸡坊、狗坊。因为五坊人员经常仗势欺人，横行霸道，老百姓都非常厌恶他们，所以管他们叫"五坊小儿"。

遗憾的是，不久后唐顺宗被迫禅位，太子李纯继位，是为唐宪宗（这次禅位史称"永贞内禅"），前后只持续了一百八十多天的永贞革新也随之宣告失败。806年，王叔文被杀，其余参与改革的主要人员则全部被贬黜为外地司马，史称"二王八司马事件"，而据资料记载，那些被贬的人虽名为司马，其实境遇跟罪犯差不多。

就这样，刘禹锡去了朗州（今湖南常德），而柳宗元到了永州（今湖南永州）。

到了永州，柳宗元连住的地方都没有。在一位僧人的帮助下，他和母亲得以暂时居住在寺庙里，生活条件非常艰苦。不到半年，柳宗元的母亲就去世了。

柳宗元在永州待了十年，虽然职位很高，可并没有什么实权，更没人听他的。他只能静下心来，用大把的时间来钻研学问，"自贬官来无事，读百家书，上下驰骋"。在这里，他写下了有名的《永州八记》。事实上，柳宗元的大部分作品都是在这个时期完成的，其中包括那首最著名的五言绝句《江雪》。

江 雪

千山鸟飞绝，万径人踪灭。

孤舟蓑笠翁，独钓寒江雪。

柳宗元的诗在唐代诗坛上虽然数量不算多，但很多都是传世经典。他能够通过自己的生活经历提炼出深刻的思想感受，可以说自成一派。《江雪》这首五言绝句突出表现了柳宗元山水诗的特点，就是把环境描写得非常偏僻幽静，"千山"与"万径"这样的远景，为后面"孤舟"和"独钓"的特写做出了非常好的衬托和渲染。就在这样一个满山积雪、一江寒水的天地间，竟有一位老人披蓑戴笠，垂钓其中，独自沉浸在自己的世界里，莫非这就是诗人自己的写照？

想来，这大概是中国文学史上对"孤独"一词做出最深刻解读的一首诗了。这短短的二十个字，带给人的是深入骨髓的寒意。孤独寂寞冷，有谁能比得过这一刻的柳宗元呢？诗人的清高和孤傲、失意与郁闷，都浓缩在这首小诗里了。

柳宗元一生留下六百多篇诗文作品，文的成就大于诗。他与韩愈齐名，是"唐宋八大家"之一，是我国文学史上杰出的散文家。唐中叶，柳宗元和韩愈发起和领导了一场古文运动，提出一种进步的文学主张——"文道合一""以文明道"，要求文章反映现实，革新文体，"务去陈言""辞必己出"，对后世产生了深远的影响。在柳宗元被贬谪以前，来找他请教求学的就"日或数十人"；被贬之后，"衡湘以南为进士者，皆以子厚为师"。

柳宗元自己从创作实践上发展了古文运动，无论是他的传记散文、山水游记或是以寓言形式讽刺当时腐败朝政的小品，都能以清新简约的文笔写得既平常又深刻，耐人寻味。在政坛备受打击的柳宗元在文坛为我们留下了诸多佳作，有隽永优美的《小石潭记》、针砭时弊的《捕蛇者说》、志怪风格的《谪龙说》，以及寓言作品《黔之驴》等。

苏轼评价他说："所贵乎枯谈者，谓其外枯而中膏，似淡而实美，渊明、子厚之流是也。"能够与陶渊明并列相提，这是对柳宗元极大的肯定。

二度被贬，造福一方百姓

柳宗元在永州待了十年，落下一身病，好不容易和好友刘禹锡一同被召回京城，结果回去没多久，又一次遭到了政敌的打击。

刘禹锡当时写了一首诗《元和十年自朗州承召回京戏赠看

花诸君子》："紫陌红尘拂面来，无人不道看花回。玄都观里桃千树，尽是刘郎去后栽。"含蓄地讽刺了当时掌管朝政的新官僚，结果被他们抓住了把柄，再一次把刘禹锡赶出京城。而柳宗元作为刘禹锡的铁哥们儿，受到牵连也一起被贬，这可真是患难之交啊！

　　第二次被贬，俩人去的地方更远了，刘禹锡为播州（今贵州遵义）刺史，柳宗元为柳州（今广西柳州）刺史。

　　刘禹锡的母亲当时年过八十，如果和儿子一同千里跋涉到遥远的大西南，实在难以承受这风餐露宿之苦，可刘禹锡如果不带着母亲同行，那这一次的告别，恐怕就是永别了。

　　柳宗元发现了这个严重的情况，决心尽自己最大的努力帮助好友，想来想去也没有什么好主意，就干脆跟朝廷请求，让自己和刘禹锡对换被贬之地，好歹柳州还算离得稍微近一点。

　　最终，皇帝将刘禹锡贬到连州（今广东连州），柳宗元还是去了柳州。柳宗元这次被贬可以说完全是受了刘禹锡的牵连，但是他不仅不埋怨，还处处替刘禹锡着想，这才是患难见真情。

　　来到柳州这个当时还属偏远荒蛮的地方，柳宗元没有怨天尤人、自暴自弃，反而振奋精神，决定要为当地的百姓做好事、做实事，改变这里落后的面貌。柳宗元创办学堂，传播知识，教会当地人打井，帮助穷苦人过上自由的生活，带领他们把柳州城外的大片荒地都开垦出来，种庄稼，种蔬菜，植树造林，同时整治街巷，开发自然景观，让老百姓的日子过得一天比一天好。

吃水感谢柳大人！

柳宗元曾说："凡吏于土者，若知其职乎？盖民之役，非以役民而已也。"他不但提出"官为民役"的进步思想，而且还身体力行，深受人们的爱戴。

因为整日为百姓奔波，柳宗元的身体严重透支，未老先衰。等后来皇帝决定召柳宗元回京时，为时已晚。819年，年仅四十七岁的柳宗元没能等到和好朋友刘禹锡"晚岁当为邻舍翁"的那一天，在柳州因病离开了人世。

刘禹锡也对得起故人之交，他没有辜负老友的托付，花了二十多年的时间帮柳宗元整理了《柳河东全集》，并把柳宗元的

柳啊，你就安心吧，事情我都办得妥妥的了！

一个儿子抚养成人，这个孩子在四十多岁时也考取了进士。《史记》有云："一死一生，乃知交情。"柳宗元和刘禹锡可以称得上是患难与共的楷模。

今天我们如果去广西柳州市，一定要到柳侯公园的柳宗元纪念馆拜望一下这位被尊称为"柳柳州"的大文学家。柳侯祠门柱上的那副对联，就是柳州人民对柳宗元最真切的怀念。

"山水来归，黄蕉丹荔；春秋报事，福我寿民。"

我们会永远铭记您的！

欧阳修

革新诗文，千古伯乐

欧阳修（1007—1072），字永叔，号醉翁、六一居士，谥文忠。吉州吉水（今属江西）人。北宋文学家、史学家。在文章上，他主张"明道""致用"，不满宋初以来靡丽、险怪的文风，并积极培养后进，是北宋古文运动的领袖。散文说理畅达，抒情委婉。与曾巩并称"欧曾"。诗受李白、韩愈的影响，注重气势而又能流畅自然。与梅尧臣并称"欧梅"。词婉丽，承袭南唐余风。与晏殊并称"晏欧"。他曾经与宋祁一起编纂了《新唐书》，并独自撰写《新五代史》。他的《六一诗话》是最早以诗话命名的著作。

幼时画荻学书，经科考步入官场

欧阳修的童年过得很艰辛。他出生时，父亲欧阳观已经五十六岁，在他四岁时，当地方官的父亲就去世了。母亲郑氏

实在没办法，只好带着他和他不到一周岁的妹妹投奔欧阳修的叔叔欧阳晔。

幸运的是，叔叔欧阳晔虽然只是个工资不高的地方小官，但是为人正直清廉，对待寡嫂

和幼侄很是关照周到。欧阳修的童年虽然清苦，却并没有因为幼年丧父造成阴影，并且还从叔叔身上受到了正能量的感染。欧阳修幼时因为家里贫穷，请不起老师，曾经受过良好教育的母亲郑氏便决心自己教授儿子。她经常一边背着小女儿，一边用荻秆当笔，在沙地上一笔一画地写字教儿子认读，母亲写一个字，儿子也拿着荻秆学写一个字，待字形、字音、字义全记住了，就擦去这个字，再教下一个字，就这样完成了欧阳修的知识启蒙。长大一些后，欧阳修经常从朋友家借书来抄写，常常是抄写完了，也就将书的内容背了下来。欧阳修十岁时，在当地一个李姓大户人家废书筐里发现了唐代文学家韩愈的遗稿《昌黎先生文集》，爱不释手，这也为日后他领导的诗文革新运动播下了种子。

十七岁时欧阳修去参加考试没考中，苦读三年再去考，结果又失败了。

后来，欧阳修遇到了生命中的贵人——官员胥偃。在胥偃的保举下，欧阳修参加了1029年秋天国子监的解试，在广文馆试、国学解试中均获第一名，成为监元和解元；在第二年的礼部省试中再获第一，成为省元，前途一片光明。

1030年，欧阳修参加殿试，他觉得自己胜利在望，肯定能夺得状元，拿个大满贯。没想到公布殿试结果，欧阳修只得了第十四名，完全是第二梯队的名次。据时任主考官的晏殊后来回忆，他未能夺魁的原因主要是锋芒太过显露，考官爱惜他的才华，便以这样的方式挫其锐气，促其成功。

虽然没中状元，毕竟也是进士，欧阳修终于可以担起家庭的重担，让母亲不再过寄人篱下的生活了。同时，他的恩人胥偃还把女儿嫁给了他。"榜下择婿"是宋代高层的传统，婚礼之后，欧阳修很快就被授予官职，出任将仕郎、秘书省校书郎。

金榜题名，洞房花烛，步入仕途，欧阳修一下子三喜临门，算是迎来了人生的春天。

参与庆历新政，贬地方寄情文字

1043年（庆历三年），范仲淹、韩琦等人推行"庆历新政"，欧阳修也参与其中。而随着这次改革的失败，欧阳修被贬到滁州（今安徽滁州）做了两年知州，在任期间，欧阳修并没有因为被贬官而失意颓废，他将滁州治理得井井有条，为人称道。

就是在这里，欧阳修留下了不朽名篇《醉翁亭记》，"醉翁之意不在酒，在乎山水之间也"也随之成为千古名句。

1049年，欧阳修调任颍州（今安徽阜阳）工作。他非常喜欢这里，"爱其民淳讼简而物产美，土厚水甘而风气和"（《思颍诗后序》），于是就跟好朋友梅尧臣相约，在颍州置办一些田地，退休后在这里过田园生活，组团养老。

十八年后，欧阳修去到亳州工作，还特意绕道颍州到田地里转转，对这里很是怀念。在颍州的几次游历中，欧阳修创作出了十首《采桑子》。这组《采桑子》从不同侧面描写了颍州的美景。我们下面看到的这首词是第一首，描写的是颍州西湖春色，轻松淡雅，勾勒出了一幅动人的山水画卷。他在这些即景抒情的词里洗刷了晚唐五代以来浓郁脂粉香艳格调，使词格向着清雅峻洁的方向发展。

采 桑 子

轻舟短棹西湖好，绿水逶迤。芳草长堤。隐隐笙歌处处随。

无风水面琉璃滑，不觉船移。微动涟漪。惊起沙禽掠岸飞。

欧阳修的词主要收录在《六一词》和《醉翁琴趣外篇》中，共有二百多首，在当时算是高产作家。他在词中所表现出来的情调意味，与在诗文中表现的严肃庄重的儒家面目大不相同，尤其是那些描写爱情的作品，可以看出他的词风受到冯延巳的感染，同时也受到民间俚曲的影响。词家向来以晏欧并称，所谓"冯延巳词，晏同叔得其俊，欧阳修得其深"。其中最有代表性的词，当属这首《踏莎行》。

踏 莎 行

候馆梅残，溪桥柳细。草薰风暖摇征辔。离愁

渐远渐无穷，迢迢不断如春水。

　　寸寸柔肠，盈盈粉泪。楼高莫近危阑倚。平芜尽处是春山，行人更在春山外。

　　最后这两句，被现代著名学者俞平伯先生在《唐宋词选释》中称赞："似乎可画，却又画不到。"

倡导诗文革新，凭慧眼选拔人才

　　大宋王朝历经三百余年，仅就文学成就而言，欧阳修注定是成绩斐然的佼佼者，而他一生最为重要的功绩，还在于领导了北宋诗文革新运动，继承并发展了韩愈的古文理论，推动了北宋文风的转变。

> **知识卡**
>
> 　　北宋诗文革新运动，是指北宋继唐代古文运动而起的文学革新运动，主要反对以西昆体为代表的浮靡文风，推崇韩愈、白居易，主张对诗、文进行革新，要求文学反映现实。

　　这一场诗文革新运动，从宋太祖立国至真宗一朝算是初发阶段。到了宋仁宗时期，则形成了高潮阶段。作为这场运动中的领军人物，欧阳修改革科场积弊，罢黜四六文，大兴创作之风，还首创了诗话这一评论诗文的新体式，大力推动诗文革新运动达到高峰。

而诗文革新运动的第三阶段则是从宋英宗朝至哲宗朝，在这个完成期里，代表人物有王安石、曾巩、苏轼、苏辙及黄庭坚、秦观等人，这其中有不少人都是由欧阳修发现并提拔起来的。

1057年，欧阳修以翰林学士的身份负责主持进士考试。当时流行一种宫廷文体"太学体"，这类文章都很险怪晦涩，根本读不懂，写作者却专爱玩弄古书里的生僻字词，以这样的方式来炫耀自己学问高。欧阳修最瞧不上他们这样瞎显摆的风格，于是在他主持的这次考试中，那些写"太学体"的考生都没被录取。这伙人纷纷跳出来闹事，但仁宗皇帝旗帜鲜明地表示支持欧阳修。这也让欧阳修有足够的底气为大宋选拔出更多更优秀的人才。

在评卷的时候，欧阳修看到一份特别好的答卷，看文风以为是自己的学生曾巩写的，因为是"自己人"，不便得第一，就给了个第二。结果试卷拆封后，发现作者不是曾巩，而是另一个年轻人，名叫苏轼。与苏轼一同被录取的，还有他的弟弟苏辙，以及北宋文坛上的另外一些重要的人物。苏轼考中进士后，给欧阳修写过一封感谢信。欧阳修则称赞苏轼文章写得好，说读他的信，感觉自己应该避让这年轻人三分。这种谦逊的态度，激励了后生晚辈，强力助推苏轼成为宋代又一位文学巨匠。

那一时期的宋朝有个"传帮带"的好传统。宰相晏殊，提拔了范仲淹、欧阳修等一大批人；而欧阳修又提携了苏洵、苏轼、苏辙父子及曾巩、王安石等人（唐宋八大家，宋朝有六人，除了欧阳修自己，其余五人都因被他提携而名满天下）；苏轼门下又有"苏门四学士"——秦观、黄庭坚、晁补之、张耒。此外，包拯、韩琦、文彦博、司马光，也得到过欧阳修的赞赏与推荐。

欧阳修以他卓越的识人之明，为北宋及整个中国文学史做出了突出的贡献，堪称千古伯乐，让文学之光薪火相传，惠及后世。日本著名学者吉川幸次郎在《宋诗概说》中说："他在学问文章方面的名声，以及在政治上的地位影响，与日俱增，至于众莫能及的地步。……不但在政治上，在文化上也是当代最高的领袖人物。"

1071年，欧阳修以太子少师的身份退休，回到他最爱的颍州安度晚年，次年病逝，1074年获赐谥号文忠。

醉翁之意，流传千古，在乎山水之间，在乎人心之中。

苏洵

壮年发奋，大器晚成

苏洵（1009—1066），字明允，眉州眉山（今属四川）人。北宋散文家，曾得欧阳修推重，以文章著名于世。其语言明畅，笔力雄健。与其子苏轼、苏辙合称"三苏"，占据了"唐宋八大家"中的三个席位，成为文坛的千古美谈。

少年贪玩乐，老大始发奋

《三字经》里所写的"二十七，始发奋，读书籍"那位，就是大文学家苏轼和苏辙的老爸——苏洵。他能成为《三字经》里提到的人物，也着实有点出人意料。因为少年时的他并不是一个品学兼优的好孩子，相反倒是一个整天贪玩、不务正业的"学渣"，街坊邻里都告诫自家孩子不要跟苏洵混在一起，以免耽误学业。

可是苏洵的老爸苏序对此却不以为然，当别人好心提醒他该好好管教一下苏洵的时候，老人家只是哈哈一笑，毫不客气地回一句："非尔所知也。"意思是说，我家孩子的事你哪里知道呀！在苏洵的老父亲眼中，自己这个儿子就是一块璞玉，虽

我儿定会大放光彩！

说现在很不着调，但是假以时日，肯定会大放光彩！

转眼间苏洵长成大人了。俗话说"知子莫若父"，老爸苏序心知该给这匹野马配上笼头了，于是在1027年苏洵十九岁的时候，为他订下一门亲事，迎娶了家境富庶的眉山大理寺丞程文应的女儿程氏。没想到结婚之后的苏洵依旧纵情山水，到处旅游观光，一点没有收敛。按他的想法，反正家里有父亲执掌日常事宜，还有妻子操持各项家务，自己完全不用操心，自然乐得做个甩手掌柜。

苏洵在《忆山送人》一诗中写道："少年喜奇迹，落拓鞍马间。纵目视天下，爱此宇宙宽。山川看不厌，浩然遂忘还……"

然而这样潇洒自在的日子并没有过多久，苏洵就接连受到沉重的打击。先是他和妻子程氏所生的长女还没有长到一岁便在襁褓中夭折了，继而便是三年之后母亲因病撒手人寰。这让曾经无忧无虑的苏洵领悟到了人生的苦短、时光的宝贵，也让他认识到了自己作为一个男人应该要担负起家庭的责任了。

宋代是士人阶层发展最为鼎盛的时代，作为一个读书人，人生最大的目标就是通过科举考试得中进士，步入仕途，封妻荫子，成为社会精英、国家栋梁。苏洵是明白这个道理的，于是他便洗心革面，闭门苦读，一心要把荒废的青春追回来！而这一年，他已经二十七岁了。在那个时代，二十七岁已经是"老大徒伤悲"的年纪了，苏洵还能拼得过身边的那些年轻人吗？

绝意于功名，自托于学术

几年间，苏洵像变了个人一样，踏踏实实读书，认认真真备考。可是老天爷却跟他开起了玩笑，明明已是满腹经纶，却总是名落孙山。

又没考中……

到1039年，已过而立之年的苏洵经历了两次科考，可惜都没能得中。这一年，幼子苏辙来到了人世间，算是给苏洵带来些许慰藉。

而苏洵也在"屡战屡败"的科考途中认清了现实，他果断决定不再把有限的人生浪费在考试上，而是要另辟蹊径，下决心成为一个有真才实学的思想家和文学家："人固有才智奇绝而不能为章句名数声律之学者，又有不幸而不为者。苟一之以进士、制策，是使奇才绝智有时而穷也。"

于是苏洵一把火烧掉了自己为应试所作的数百篇文章，拿过书本继续埋头苦学。只不过这一次，他是为自己学，也是为了儿子们学。

这一次，他不再纠结声律音节，也不再苦背八股骈文，而是捧起了诸子百家、经史子集，把自己读过的万卷诗书与行过的万里江山融汇在字里行间，直抒胸臆，评古论今，"考质古今治乱成败、圣贤穷达出处之际"。

而在当时的北宋文坛上，流行的要么是"辞藻华美、对仗工整"的西昆体，要么是"穷奇险怪、艰深枯涩"的太学体，它们都是在文字雕琢上做足了功夫，往往令人觉得看上去很美，实则却不知所云。

苏洵可是打心眼儿里瞧不上这些文章，他一出手，便是观点明确、论据翔实、简洁明快、有话直说的质朴文风，譬如他所作的《六国论》。

六 国 论

六国破灭，非兵不利，战不善，弊在赂秦。赂秦而力亏，破灭之道也。或曰：六国互丧，率赂秦耶？曰：不赂者以赂者丧。盖失强援，不能独完。故曰：弊在赂秦也。

秦以攻取之外，小则获邑，大则得城。较秦之所得，与战胜而得者，其实百倍；诸侯之所亡，与战败而亡者，其实亦百倍。则秦之所大欲，诸侯之所大患，固不在战矣。思厥先祖父，暴霜露，斩荆棘，以有尺寸之地。子孙视之不甚惜，举以予人，如弃草芥。今日割五城，明日割十城，然后得一夕安寝。起视四境，而秦兵又至矣。然则诸侯之地有限，暴秦之欲无厌，奉之弥繁，侵之愈急。故不战而强弱胜负已判矣。至于颠覆，理固宜然。古人云："以地事秦，犹抱薪救火，薪不尽，火不灭。"此言得之。

齐人未尝赂秦，终继五国迁灭，何哉？与嬴而不助五国也。五国既丧，齐亦不免矣。燕赵之君，始有远略，能守其土，义不赂秦。是故燕虽小国而后亡，斯用兵之效也。至丹以荆卿为计，始速祸焉。赵尝五战于秦，二败而三胜。后秦击赵者再，李牧连却之。洎牧以谗诛，邯郸为郡，惜其用武而不终也。且燕赵处秦革灭殆尽之际，可谓智力孤危，战败而亡，诚不得已。向使三国各爱其地，齐人勿附于秦，刺客不行，良将犹在，则胜负之数，存亡之理，当与秦相较，或未易量。

呜呼！以赂秦之地封天下之谋臣，以事秦之心礼天下之奇才，并力西向，则吾恐秦人食之不得下咽也。悲夫！有如此之势，而为秦人积威之所劫，日削月割，以趋于亡。为国者无使为积威之所劫哉！

夫六国与秦皆诸侯，其势弱于秦，而犹有可以不赂而胜之之

势。苟以天下之大，下而从六国破亡之故事，是又在六国下矣。

苏洵的这篇文章，堪称古代论说文的典范。开篇即提出作者的论点，即六国破灭"弊在赂秦"；然后以史实作为论据加以论述，先从"赂秦"与"未尝赂秦"的两类国家进行论证；然后又进行假设，来论证如果不赂秦则六国不至于灭亡；从而得出"为国者无使为积威之所劫"的结论；最后以古讽今，讽谏当朝统治者要汲取前朝覆灭的教训，切勿"从六国破亡之故事"。

有意思的是，后来苏辙也写过一篇《六国论》，对这段当年六国与秦争天下的历史发表了自己的看法。有兴趣的小朋友可以把这两篇文章找来对照着读，看看是老爸苏洵写得好呀，还是小儿子苏辙写得妙呢。

教子独有方，一门三学士

接下来就要说说苏洵最为世人称道的"教子有方"了。咱们就先从苏轼兄弟俩的名字说起。父母给子女取名，往往寄托了美好的期冀和祝福。而苏洵给两个儿子取的名字，都与古代的马车有关，这又是为什么呢？

先说苏轼。苏洵曾说："轮、辐、盖、轸，皆有职乎车。而

轼独若无所为者。虽然，去轼，则吾未见其为完车也。轼乎，
吾惧汝之不外饰也！""轼"是古代车厢前面用作扶手的横木。
和车轮、车辐（车轮中连接车毂和轮辋的一条条直棍儿）、车
盖、车轸（车后的横木）相比，它好像只具有装饰的作用。苏
洵担心苏轼性格过于率真，不注意外在的修饰，以此提醒儿子
要学会察言观色，说话做事不要冲动。

再说苏辙。苏洵又说："天下之车莫不由辙。而言车之功
者，辙不与焉。虽然，车仆马毙，而患亦不及辙。是辙者，善
处乎祸福之间也。辙乎，吾知免矣！""辙"就是车轮轧出的痕
迹。马车行走都会遵循前车的印迹，可说起马车的功劳，谁会
想到车辙呢？不过如果马车出了车祸，车辙却也不会受到牵连。
这样说来，苏洵是希望苏辙能够甘心做一道车辙，不求富贵显
赫，但愿一生平安。这是一个历经世事沧桑的老父亲，对儿子
最朴实的爱意。

眼看着苏轼和苏辙慢慢长大，苏洵开始亲力亲为教育两个
儿子。他以身作则，严格培养两兄弟良好的读书习惯，并且因
材施教，从不强迫他们死记硬
背，而是努力激发孩子们的阅
读兴趣。

苏辙在《再祭亡兄端明
文》中回忆说："惟我与兄，
出处昔同。幼学无师，先君是

从。游戏图书，寤寐其中。"

而苏轼在他六十多岁贬谪海南时，对小时候的读书情景依旧历历在目："夜梦嬉游童子如，父师检责惊走书。计功当毕《春秋》余，今乃粗及桓庄初。怛然悸寤心不舒，起坐有如挂钩鱼。"

除了阅读，苏洵还注重与儿子们探讨交流。在两个小家伙还不到十岁的时候，苏洵就开始让他们点评先贤经典，纵论古今成败得失。用今天的话讲，这是妥妥的素质教育。

而苏洵最看重的，则是品德教育，要从小为他们塑造正确的三观。苏洵是这样对两个儿子说的："士生于世，治气养心，无恶于身。推是以施之人，不为苟生也；不幸不用，犹当以其所知，著之翰墨，使人有闻焉。"这就是说，读书首先是为了治国安民，同时也是为了修身养性。即使不为当世所用，也要著书立说，传之后世，方可无愧于此生。

这句话，苏轼、苏辙两兄弟都记住了，并且也都做到了。

眼看儿子们终于长大成人、学业有成。1056年，苏洵决定亲自带他们赴京赶考。到京后，苏洵拜见了当时的翰林学士欧阳修，欧阳修非常欣赏他的文章，极力向朝廷推荐苏洵，于是苏洵以布衣身份在文坛展现了自己的高光时刻。苏轼和苏辙也没有辜负老父亲的殷切期望，第二年一考中第，同为进士，一时间轰动京师。此时的苏洵禁不住有感而发："莫道登科易，老夫如登天。莫道登科难，小儿如拾芥。"

仕途再无心，壮怀遗后人

遗憾的是，大器晚成的苏洵好不容易扬名天下，他的妻子程夫人却在不久后病逝了。苏洵回归故里，不免满怀伤情："我归旧庐，无不改移；魂兮未泯，不日来归。"

丁忧期后，苏轼和苏辙相继入朝为官，苏洵也因文名得到举荐，有过一段短暂的仕途生涯。但他虽然有报效国家的壮志，却也再无心于仕途的腾达。

1058年，宋仁宗召苏洵到舍人院参加考试，苏洵借故推托不去，他在回复的信中阐明了自己的心意："自以闲居田野之中，鱼稻蔬笋之资，足以养生自乐。俯仰世俗之间，窃观当世之太平。其文章议论，亦可以自足于一世。"

1060年，苏洵已年过半百，被授为秘书省校书郎，后来又

改任为霸州文安县主簿，和陈州项城令姚辟共同编修礼书，作《太常因革礼》一百卷。1066年，苏洵将修好的礼书上奏朝廷，还没等到回复就去世了，终年五十八岁，"自天子、辅臣至闾巷之士兵，皆闻而哀之"。

在"三苏"当中，若论文学佳绩当首推开创豪放派词风的苏轼，为文坛留下多少千古佳句；若论仕途成就则当数官拜宰相的苏辙，功成名就，青史留名。但若是没有他们的老爸苏洵，兄弟俩也不敢说就能有这样辉煌的成就。虽然苏洵是"唐宋八大家"中官职最低的一个，但无疑，他有着此生最值得骄傲且无人可比的"作品"——苏轼和苏辙。

有子若此，夫复何求？后继有人，此生幸甚。

曾 巩

文章众无有，卓然成一家

曾巩（1019—1083），字子固，谥文定。南丰（今属江西）人，世称南丰先生。北宋文学家，曾被欧阳修、王安石推重并赞许。他的散文平易舒缓，长于叙事说理，讲究章法结构。后人将他与欧阳修并称为"欧曾"。

一字千金，史上最贵的一封短信

2016年，在中国嘉德春季拍卖会上，一封包括上款、日期，总共只有短短一百二十四个字的书信，竟被拍出了2.07亿元的天价，相当于平均一个字高达167万元。这封信的作者便是曾巩，此信名为《局事帖》。

局 事 帖

局事多暇，动履禔福。去远诲论之益，忽忽三载之久。跧处穷徼，日迷汩于吏职之冗，固岂有乐意耶？去受代之期虽幸密迩，而替人寂然未闻，亦旦夕望望。果能遂逃旷弛，实自贤者之力。夏秋之交，道出府下，因以致谢左右，庶竟万一。余冀顺序珍重，前即召擢。偶便专此上问，不宣。巩再拜。运勾奉议无党乡贤。二十七日。谨启。

据专家考证，这封信是曾巩任越州通判时在一张印刷书籍的纸张背面随手写给故乡老友的，时间应在熙宁十年(1077年)之前，那时候的曾巩已近晚年，留下的字迹却仍笔画清劲。这封信是他极为罕见的传世达九百多年的墨宝珍品。

　　曾巩在这封私信中跟朋友吐槽说，自己被外放到这荒僻边地已经三年了，整天就是忙于官场那些烦琐的事情，哪里能有半点快乐的心情啊。虽然眼看着任期就要满了，可是来接替自己的官员却迟迟没有消息，真的是朝夕相盼，度日如年，一心就希望能早点离开这鬼地方。如果能得到朋友的帮助早脱苦海，到时必定亲往府上致谢云云。

　　看来，曾巩这个官当得并不开心，而他的人生经历又是怎样的呢？

天资聪慧，醉翁门下优秀弟子

　　曾巩是江西南丰人，出身于一个官宦大家族，祖父曾致尧做过吏部郎中，父亲曾易占官至太常博士。在这样的家庭环境里，曾巩受到了良好的教育，从小就显现出了"神童"的气质。他十二岁时就能够按照科举考试里《六论》的要求写出文采飞

扬的文章，名扬四里八乡。

1037年，曾巩的父亲被调到京城做官，曾巩被一同带到了开封。这次京城之行，让曾巩有幸结识了他生命中的两位贵人——欧阳修与王安石。当欧阳修读到曾巩献上的杂文、时务策两编后，一下子就被这个年轻人的才华惊到了，欧阳修将他收为入室弟子并加以提携，希望他日后能大有作为。

的确，曾巩写得一手漂亮的策论文章。他的文章以议论见长，章法严谨，长于说理，讲求先道后文，文道结合，文风平实质朴，温厚典雅。王安石曾评价："曾子文章众无有，水之江汉星之斗。"苏轼则认为："曾子独超轶，孤芳陋群妍。"朱熹也推崇他说："予读曾氏书，未尝不掩卷废书而叹，何世之知公浅也。"

但是，光会写策论文章，不懂得科举考试的门道还是不行的。曾巩多次参加科举考试，结果却都铩羽而归。之后因父亲过世，曾巩必须回家守孝，便又错过了几年科举考试。在家乡这段时间，他无微不至地侍奉继母，虽遭家境衰败，但仍然尽心尽力地抚育四个弟弟和九个妹妹长大成人。

直到1057年，三十九岁的曾巩才再次进京应试。而这一年的科考可谓群英荟萃，除了曾巩外，还有著名的"三苏"。主考官欧阳修在考完策论第一场时，发现一篇文章观点明晰、文采超凡，可谓是上等之作，怎么看都觉得是自己弟子曾巩的文风，为了避嫌，他忍痛把这份试卷降为第二。没想到考卷公布后，那篇文章竟是苏轼的大作。这桩乌龙倒也从另一个方面说明，曾巩的文采与苏轼可谓不相上下。

好在这一年曾巩终于金榜题名，并且和他的弟弟曾牟、曾布，堂弟曾阜，妹夫王无咎、王彦深一门六人同科得中进士，这一天大喜事给曾氏门楣增添了无限光彩。

此后二十多年的时间里，步入官场的曾巩既没有青云直上，也没有遭到贬谪，一生仕途波澜

不惊。从1069年至1080年，曾巩一直远离京城，辗转于各地，踏踏实实地当好地方官，为百姓做实事做好事。他每到一地便致力于平反冤狱、维护社会治安，带领大家救灾防疫、修缮城池，同时兴办学校、整顿吏治，大笔一挥为群众废除掉各种苛捐杂税，深受人们拥戴。

尤其是当他的好朋友王安石当上宰相，推动变法后，曾巩以地方基层官员的身份，实实在在地予以支持。他将变法措施与当地的实际情况相结合，并非无原则无条件地盲从，而是尽力去发挥新法中对民计民生有利的地方，摒弃新法中有明显弊病的条文。

曾巩的官职一直都不大，直到1082年才被宋神宗擢升为正四品的中书舍人，那时他都已经六十多岁了。干了没多久，曾巩又因母亲去世而辞官回家守丧。

1083年4月，曾巩病逝于江宁府（今江苏南京），享年六十五岁。

诗文革新，卓然自立，被称"醇儒"

曾巩一生学习刻苦用功，尤其喜爱博览群书，家中藏书便有两万余卷。都说"读书破万卷，下笔如有神"，曾巩在文学创作方面的主要成就体现在散文上。

作为北宋诗文革新运动的积极参与者，宋代新古文运动的骨干，曾巩传承了老师欧阳修在古文创作上的理念。他所写的散文重在"文以明道"，文风以"古雅、平正、冲和"见称。他的文章叙事结构严谨，行文委婉深沉，语言凝练简洁，代表作有《唐论》《战国策目录序》《范贯之奏议集序》《醒心亭记》《游山记》等。

那时候的文人都追逐晦涩浮靡的西昆体和险怪诘屈的太学体，认为文字写得越是让人读不懂才越显得高级。可是曾巩却不以为然，反而追求自然淳朴的风格，不怎么讲究所谓的文采华丽。总体来说，曾巩散文的情感特色是理性冷静的，因而他被人称为"醇儒"。

除了散文，其实曾巩也很会写诗，他的诗流传下来的有四百多首。只不过因为曾巩的文章写得太好了，世人往往忽略了他的诗作。如同他的文章一样，其诗风同样追求质朴雄浑，字句清新，含义深刻，格调超逸，虽然有些诗难免也存在宋诗喜欢"讲道理"的通病，但是如果在"唐宋八大家"之中做一个客观的比较，可以说他的诗虽然不如韩愈、柳宗元、欧阳修、王安石与苏轼，却胜于苏洵、苏辙。

在各种诗体当中，曾巩的七绝写得最好。现代著名学者钱锺书先生就称赞曾巩"绝句的风致更比王安石有过之而无不及"，比如这首《西楼》。

西 楼

海浪如云去却回，北风吹起数声雷。
朱楼四面钩疏箔，卧看千山急雨来。

这首诗写的是作者在海边的高楼上欣赏暴风雨时的情境。前两句描写了暴风雨到来前的风起云涌，电闪雷鸣。按常理说，一般人遇到这种情况往往会将门窗紧紧关闭，可是曾巩却做了出乎意料的举动，他把四面窗户垂挂的疏帘用钩卷起，为的是要看"急雨"打破这阴沉烦闷的局面，以开阔的心胸迎接风雨带来的新鲜境界。这不禁让我们想起了高尔基在《海燕》里那句著名的咏叹——"让暴风雨来得更猛烈些吧！"

这就是曾巩作为一个心怀天下的文人所具有的情怀。《宋史·曾巩传》评论其文"立言于欧阳修、王安石间，纡徐而不烦，简奥而不晦，卓然自成一家，可谓难矣。"

我可太优秀了！

位列"唐宋八大家"，曾巩当之无愧。

王安石

图强变法，无愧于心

王安石（1021—1086），字介甫，号半山，退居后封荆国公，世称"荆公"。抚州临川（今江西抚州）人。北宋政治家、思想家、文学家。1058年，王安石上万言书，主张变法，宋仁宗没有采纳。后来，王安石与宋神宗一拍即合，陆续推行了青苗法、免役法、保甲法等新法，史称"王安石变法"。王安石的散文雄健峭拔；他的诗歌遒劲清新；他的词风格高峻。

志存高远，变法遭拒，埋头苦干

王安石也是个神童出身，从小聪明伶俐，读书过目不忘。他的父亲王益是做官的，王安石年纪稍大点，就随着父亲工作的调动，游历各地，接触社会，亲身了解和体验到了老百姓的疾苦。

二十二岁那年，王安石考中了进士第四名，从此开启仕途。

王安石先是当了个淮南节度判官，在任满之后，他放弃了入京当官的机会，去了鄞县（今浙江宁波）当知县。这一干便是四年，他兴修水利、扩办学校，在当地做了许多实事。

1050年，三十岁的王安石任满从鄞县回家乡，路过越州时登上了飞来峰，登高望远，顿觉豪情万丈，于是诗兴大发，写下一首《登飞来峰》。

登飞来峰

飞来山上千寻塔，闻说鸡鸣见日升。
不畏浮云遮望眼，自缘身在最高层。

小小浮云，还想遮住我的大眼睛？

这首诗的后两句与苏轼的"不识庐山真面目，只缘身在此山中"极为相似，都阐述了不要被事物的假象迷惑，而应该全面客观地了解其本质的道理；都极具哲理性，体现了"宋诗主理"的特点。

由这首诗我们可以看出王安石是胸怀大志的，而他的志向，便是革新变法。1058年，王安石进京述职，写了近万字的《上

仁宗皇帝言事书》，提出变法主张。但当时的仁宗皇帝没有采纳。

王安石明白，这是时机尚未成熟。

接受重任，锐意改革，实施变法

到了1067年，宋神宗即位，王安石的机会终于来了。神宗皇帝下定决心要推行改革，并且准备把这项大工程交由王安石来主持。

机会来了！

等待多年终于受到重视，王安石这时的心情相当不错。很快到了新年，大街小巷喜气洋洋。即景抒情，王安石写下了那首著名的《元日》。

元 日

爆竹声中一岁除，

春风送暖入屠苏。

千门万户曈曈日，

总把新桃换旧符。

爆竹声中，春风送暖，旧的一年已经过去，大家喝着屠苏酒，用新的门神桃符换下旧的来迎接新春。

这首诗的最后一句可是别有寓意的。要知道，这时也是王安石人生中的新春，正如眼前人们用新的桃符替换旧的一样，他正要摩拳擦掌，革除旧政，施行新政，干出一番大事业，以实现自己的政治理想。

1069年，王安石开始主持变法，史称"王安石变法"，又因当时宋神宗年号是熙宁，所以也叫"熙宁变法"。

王安石提出的新法在财政方面有均输法、青苗法、市易法、免役法、方田均税法、农田水利法；在军事方面有置将法、保甲法、保马法；以及设置军器监等。如果这些新法能不走样地实行，神宗皇帝朝思暮想的富国强民、重振朝纲，也许真的就能成为现实。

一意孤行，变法失败，遗憾终身

我们常说硬币是有两面的，对于变法革新这件事，人们自然也会站在不同的立场和角度，产生不同的观点和看法。法令刚颁行不足一年，拥护派与反对派就围绕变法展开了激烈的论辩及斗争。

反对变法的头号人物，就是司马光。

大家都知道"司马光砸缸"的故事，这个司马光，也不是普通人物，他可以和王安石媲美。王安石才高八斗，司马光学富五车；王安石生活简朴，司马光绝不浪费；王安石忠心耿耿，司马光忧国忧民；王安石勇于做事，司马光敢于直言；王安石写过"万言书"，司马光上过折子。可见，司马光和王安石一样，也一直在关注和思考国家的命运和前途。他们二人还有一点也很相似——他们都不是空谈的理论家，王安石能够深入基层体察民生，司马光做通判的时候也一心为百姓办实事，他们都是国家的栋梁之材。那么，司马光为什么反对王安石变法呢？

在王安石看来，只要有好的动机，并且坚持不懈，就一定会有好的结果，所以他的变法独断专行、不计后果。而司马光也曾是改革派，和王安石相比，他更看重的是变法结果怎么样，如果变法不能起到好的作用，就应该及时止损。司马光本是王安石的朋友，曾写信劝解过他，结果王安石见一条批一条，一通狂怼，和司马光针锋相对。

王安石变法的目的在于富国强兵，扭转北宋积贫积弱的局势。然而一系列惊天动地的改革触犯了保守派的利益，于是遭到保守派的反对。在推行新法的过程中，也确实出现了一些严重的问题，比如基层官员在推行新法时过于激进，且王安石用人不当，也让这次改革出现了跑偏的现象，使改革变法阻力重重，最终失败。

比如，我们之前提到的"青苗法"规定，在庄稼青黄不接的时候，农民可以抵押贷款，虽说规定是自愿，但是到了基层就被地方官强行摊派，抵押的利率太高，老百姓最后根本还不起，竟至民怨沸腾。

一个之前曾经得到王安石赏识、提拔的小官郑侠，多次给王安石写信，告诉他新法推行中的种种问题，但是王安石根本听不进去，后来郑侠绘制了一幅《流民图》呈给宋神宗。当时天下大旱，老百姓因为青苗法还不上钱，被逼卖儿卖女。郑侠说这都是王安石的新法造成的天怒人怨，请朝廷赶紧废除新法，如果废除了新法十天内还不下雨，他宁愿死在皇帝的面前。

当时已经足足十个月没下雨了，古代的皇帝很迷信，认为这是因为自己的德行不够或是做了错事，把老天爷惹火了而遭受到的天谴。于是神宗动摇了，赶紧停止了青苗法、保甲法等八套新法。没想到仅仅过了三天，便天降大雨，旱情缓解。其实这只是巧合，但神宗皇帝心想：果然是变法有违天意，可不能再逆天而为呀！这么一想，神宗皇帝就罢免了王安石的宰相职务。

1075年，王安石二次拜相，但重新上岗后他并没得到更多的支持，他的新法依旧很难继续推行下去，再加上他的儿子王雱早逝，次年农历十月，心灰意冷的王安石托病辞去宰相职务，离开京师，再也没有回来。

辞官隐居，寄情山水，锤炼诗文

王安石晚年罢相隐居以后，生活有了很大的不同，心情便也随之改变，这一时期，他所作的小诗多是描写湖光山色的，新颖别致，自然妥帖，比如这一首《泊船瓜洲》。

泊船瓜洲

京口瓜洲一水间，钟山只隔数重山。

春风又绿江南岸，明月何时照我还。

用哪个字好呢？

特别要提到的是，写这首诗的时候，第三句原来是"春风又到江南岸"，王安石总觉得不太满意，这个"到"字先后换成

"过""满"等十几个字，筛来选去，最终确定为"绿"，"春风又绿江南岸"。这一个字都要反复修改，足见王安石对写文章的要求有多高，也足见他是一个多么执着的人。

难怪明末冯梦龙在《警世通言》中，以一篇《拗相公饮恨半山堂》来记述王安石变法失败的事，文中写道："因他性子执拗，主意一定佛菩萨也劝他不转，人皆呼为拗相公。"可见，王安石一辈子无论做什么事都是个较真的人。

王安石是中国历史上为数不多的既有头脑又有热情的改革者，为了推行变法，他可以说是鞠躬尽瘁，这种坚持己见、顽强不屈的精神，在他的《梅花》一诗中也得到了体现。

梅 花

墙角数枝梅，凌寒独自开。

遥知不是雪，为有暗香来。

晚年的王安石居住在江宁（今江苏南京）。他钟情山水，经常访僧问禅，勤于读书，这一时期他的文学作品构思精巧，字句别致，意境清远自然，在艺术上精益求精，题在杨德逢家墙壁上的《书湖阴先生壁》就是其中的代表。

书湖阴先生壁

茅檐长扫净无苔，花木成畦手自栽。
一水护田将绿绕，两山排闼送青来。

这首诗赞美杨家勤劳的主人每日洒扫庭除，种草栽花，把庭前屋后装点得景色清幽，就连青山绿水也如入画帘，为之生色。

从这些诗中我们能够体会到王安石在诗文创作方面体现出

再见！

的独特风格，这对推动宋诗的发展起到了一定的作用。作为一名文学家，王安石在诗、文、词这些领域都留下了杰出的成就，名列"唐宋八大家"。

1085年，神宗去世，哲宗即位，之前就强烈反对变法的太皇太后高氏垂帘听政，任命司马光为宰相，全面废除了王安石的新法，史称"元祐更化"。

1086年，改革梦碎的王安石病逝。

今天我们提到王安石，首先想到的就是他为之奋斗一生的变法改革，尤其令人称道的是，在中国古代封建社会里，王安石还是个与众不同的宰相，他不坐轿，不纳妾，死后没有留下任何遗产，就连他的政敌也对他的人品竖起了大拇指。"心如宝月映琉璃"，这是他为自己写下的人生总结。

一辈子留给后人评说吧！

苏轼

一生波澜诗里见

苏轼（1037—1101），字子瞻，号东坡居士，南宋时追谥文忠，眉州眉山（今属四川）人，是苏洵的儿子。北宋文学家、书画家。文章汪洋恣肆，明白畅达。诗清新豪健，善用夸张比喻，在艺术表现方面独具风格。与黄庭坚并称"苏黄"。词开豪放一派，对后代影响很大。与辛弃疾并称"苏辛"。在书法上，他擅长行书、楷书，用笔丰腴跌宕，有天真浪漫之趣，与蔡襄、黄庭坚、米芾并称"宋四家"。在绘画上，能画竹和枯木怪石，主张"神似"。在政治上，他虽属于旧党，但也有改革弊政的要求。

少年登科，名动京城

苏轼少年时和弟弟苏辙一起跟着老爸苏洵读书。别看苏洵没有功名在身，但是他大器晚成，厚积薄发，自修了一肚子的学问，而且教子有方，把两个儿子培养得特别优秀。

1057年，苏轼二十一岁，弟弟苏辙十九岁，他们的父亲苏洵已经四十九岁了。父子三人携手，共赴京师赶考。没想到一战成名，他们的文章很快得到了文坛的赞赏，被士大夫争相传诵。北宋时期的王辟之在《渑水燕谈录》里说："苏氏文章擅天下，目其文曰三苏，盖洵为老苏、轼为大苏、辙为小苏也。"这就是"三苏"这一称号的由来。一门三学士，而且全都位列"唐宋八大家"，可谓文学史上的佳话。

苏轼参加的那次考试策论的题目是《刑赏忠厚之至论》，主考官是欧阳修。据说欧阳修看了苏轼的文章后十分赞赏，但因为考生名字是密封着的，欧阳修误以为这篇文章是自己的弟子曾巩所写，为了避嫌，就给了这篇文章第二名。

实事求是地说，苏轼的成名得益于这位主考官的赏赞与推荐。作为当时的文坛领袖，欧阳修给苏轼下了个评语："此人可谓善读书，善用书，他日文章必独步天下。"就凭这句话，苏轼一下子名动京师。

这个苏轼，将来一定比我牛！

1061 年，苏轼又参加了一次制科考试，一路过关斩将，进入了最终的殿试，被当时的皇帝宋仁宗钦点为"入三等"。虽然只是三等，但苏轼却被称为"百年第一"，这是为什么呢？

原来，制科考试相当于特招考试，它与平常的科举考试不同，并非常设，考试程序更复杂，考试题目更难，录取的人数也非常少。制科考试分为五等，一等和二等是虚设，所以苏轼考三等就相当于第一等的成绩了。而且，三等又分为上等和次等，苏轼考取的是上等。在苏轼之前，宋朝开国百年以来，只有一个叫吴育的人考过三等，不过他是三等的次等。因此，苏轼在制科中"入三

我发现了两个人才，真是棒棒哒，耶！

等"，是当之无愧的"百年第一"!

自请出京，醉心山水

1069年，刚刚登上皇位的宋神宗起用王安石推行新法，因为急于求成及用人不当，导致很多新法虽然初衷很好，但在推行过程中却变成了基层一些官吏压榨百姓的苛政。

那时的苏轼官职卑微，但他却勇敢地一再给皇帝上书反对新法，说明变法的一些弊端，建议应该循序渐进地进行，站在了王安石变法的对立面。可惜敌不过变法的大趋势，苏轼的很多师友，包括欧阳修在内，都因为反对新法被迫离京。

1071年，苏轼看到变法大局已定，自己在朝廷里深受革新派的排挤，干脆主动申请调到杭州做了杭州通判，以求远离政治中心。

一到杭州，苏轼就被秀美的湖光山色迷住了，他的许多脍炙人口的诗篇，就是在这个时候写成的。

这一天，苏轼和几个好朋友乘小船在西湖上游玩。当他们游玩到望湖楼附近时，忽然天色大变，头顶的乌云汹涌翻滚，好似有人在天上打翻了墨汁，但又恰恰在远处留白出一段山峦，倒也十分明丽清新。眨眼间，大雨就落了下来，白珠般的雨点叮叮当当地跳进了船舱。就在船上众人茫然无措的时候，一阵狂风卷地而来，乌云散去，雨点骤停，西湖湖面又变得碧波如镜，温柔明媚。这等意料之外的美景，这样让人畅快的美事，苏轼当然要挥笔记下来，他是这样写的——

六月二十七日望湖楼醉书

黑云翻墨未遮山，白雨跳珠乱入船。

卷地风来忽吹散，望湖楼下水如天。

苏轼还有一首赞美西湖美景的诗——《饮湖上初晴后雨》，这首诗把西湖写得更美了。诗人直接把西湖比作美女西施，说

她无论化妆还是素颜都好看！这可是具有历史意义的一比，从此西湖有了"西子湖"的别称。如果说山水也能有自己的性别和外貌，那西湖无疑就是个十八九岁的大家闺秀！

饮湖上初晴后雨

水光潋滟晴方好，山色空蒙雨亦奇。

欲把西湖比西子，淡妆浓抹总相宜。

1074年，苏轼调任到密州当知州。就是在这里，苏轼写下了他较早的豪放词作《江城子·密州出猎》，通过描写一次出猎的场面，借历史典故抒发了想要杀敌卫国的雄心壮志，表达出自己希望得到朝廷重用的意愿。这首词的关键字就是"狂"。

江城子·密州出猎

老夫聊发少年狂，左牵黄，右擎苍，锦帽貂裘，千骑卷平冈。为报倾城随太守，亲射虎，看孙郎。

酒酣胸胆尚开张。鬓微霜，又何妨！持节云中，何日遣冯唐？会挽雕弓如满月，西北望，射天狼。

晚唐五代以来的词风以婉约卑靡为主，而北宋一些著名的文人对此都很不满，他们在政治上都有比较远大的抱负，开启了诗文革新运动，在词的创作方面也出现了一些格调豪放的作品。苏轼继承了他们的风格并加以弘扬，把诗文革新运动扩展到了词的领域，可以说为词的创作开辟了崭新的空间，扩大了

词这一文学形式的题材范围，以奔放的情感、开阔的胸怀创立了豪放词派。

这首《江城子·密州出猎》是豪放派的代表作之一，苏轼本人对这首作品颇为满意，在给友人的信中还夸道："近却颇作小词，虽无柳七郎（柳永）风味，亦自是一家。"

然而即便是气概豪迈的英雄，也会有儿女情长的感伤。1076年的中秋之夜，苏轼思念七年没能相见的弟弟苏辙，月圆人不圆的怅然之情溢满了心头。他借酒浇愁，大醉后写下了这首流传千古、句句经典的名作——

水调歌头

丙辰中秋，欢饮达旦，大醉，作此篇，兼怀子由。

明月几时有？把酒问青天。不知天上宫阙，今夕是何年。我欲乘风归去，又恐琼楼玉宇，高处不胜寒。起舞弄清影，何似在人间。

转朱阁，低绮户，照无眠。不应有恨，何事长向别时圆？人有悲欢离合，月有阴晴圆缺，此事古难全。但愿人长久，千里共婵娟。

后人对于这首《水调歌头》都是推崇备至的，认为这是古代写中秋的词里最好的一首。南宋时期由胡仔编撰的中国诗话集《苕溪渔隐丛话》中就说："中秋词，自东坡《水调歌头》一出，余词尽废。"这一评价想来并不算过分。

乌台诗案，被贬黄州

1079年，苏轼调任湖州知州。没过多久，他突然被朝廷的钦差缉拿进京投入大牢。原因是他上任湖州后，给神宗皇帝写了一封例行公事的《湖州谢上表》，这本是挺正常的事，但有个御史非要鸡蛋里面挑骨头，硬说这篇写给皇帝的感谢信里暗藏了很多讥讽朝政的话，还顺带把苏轼以前所写的一些诗文都给翻了个遍，找出了不少"证据"，真是欲加之罪何患无辞！皇上听到苏轼竟敢讽喻朝政，立即就火了，下令把苏轼投入大牢，这件对苏轼一生产生重要影响的事件史称"乌台诗案"。

《汉书·朱博传》中说："是时御史府吏舍百余区，井水皆竭。又其府中列柏树，常有野乌数千栖宿其上，晨去暮来，号曰朝夕乌。"因此，后来称御史府为"乌府"或乌台。苏轼所遭受的这桩案件，先由监察御史告发，后在御史台狱受审，因此得名。

神宗皇帝本来想杀了苏轼出出气，没想到苏轼的人缘还挺好，包括宰相司马光在内，很多大臣纷纷上书求赦，甚至太皇太后都为苏轼求情。最后，就连赋闲在家的"政敌"王安石也向神宗皇帝进言："安有盛世而杀才士乎？"苏轼这才捡了一条命，被贬为黄州团练副使。

还差最后一步，画龙点睛之牌！

1080 年，苏轼初到黄州，生活十分困难，不但没工资，连住的地方都没有，只能借住在一座名叫定慧院的寺庙里。平日里，苏轼带领全家靠劳作来渡过生活难关，用乐观的精神感染着身边的人。但在夜深人静的时候，他内心涌上的孤独寂寞却是无人能解。

卜算子·黄州定慧院寓居作

缺月挂疏桐，漏断人初静。谁见幽人独往来，缥缈孤鸿影。

惊起却回头，有恨无人省。拣尽寒枝不肯栖，寂寞沙洲冷。

政治上受到的挫折令苏轼心灰意冷，让他有了逃避现实的颓然思想，有时候他甚至觉得，自己就像那只孤单的大雁，在月下徘徊，也许只有那寂寞荒冷的沙洲才是自己的归宿。

幸好后来有个朋友帮他在城东弄了块地，苏轼自己动手垦荒种田，勉强度日。这一时期的晴耕雨读生活，让他有了比较多的机会接近底层百姓，也令他的政治态度有所改变。一年后，苏轼在这块地的东坡修建了一个书屋，取名"东坡雪堂"，还为自己取别号"东坡居士"。

黄州是长江中游形势险峻之地，西面就是武汉三镇，江山雄伟，英雄辈出。这里记载了古今多少豪杰在军事、政治上的辉煌事迹，原本怀才不遇、心情灰暗的苏轼面对如此壮阔的景象，也不禁受到感染，追昔过往，借古抒怀，写出了著名的《赤壁赋》《后赤壁赋》及《念奴娇·赤壁怀古》。一句"大江东去，浪淘尽，千古风流人物"，下笔刚劲有力，境界宏大辽阔，写景、咏史与抒情水乳交融，读来令人胸怀震荡。《念奴娇·赤壁怀古》也是豪放词派的代表作之一，曾被誉为"古今绝唱"。

苏轼的诗词很注意结合生活中所接触的情景来表达自己的思想，善于运用比兴手法来寄托个人的情感，比如他在黄州时写下的《浣溪沙》。这首词描绘了三月兰溪幽雅的风光，作者在这里捕捉到一个独特的小景——条向西流淌的小溪流。都说一江春水向东流，可这条小溪却是如此倔强，偏偏要逆向而行，这正暗合了苏轼当时的心态——"不服老"，他决心要永远保持乐观豁达的心态，绝不因年老而向生活低头！

浣 溪 沙

游蕲水清泉寺，寺临兰溪，溪水西流。

山下兰芽短浸溪，松间沙路净无泥。萧萧暮雨子规啼。

　　谁道人生无再少？门前流水尚能西！休将白发唱黄鸡。

　　在苏轼的作品里，留下了很多以歌咏自然景物来抒发个人情感的诗词，对后人影响很大。1082年，已是苏轼来到黄州的第三个年头了。这年春日，苏轼与朋友一起去郊外踏青，没想到又是临时遇到大雨，看来苏轼并没有吸取之前在西湖赶上暴雨的教训，依旧什么雨具都没带，结果大家都被淋得很狼狈。不过苏轼十分乐观，面对狂风暴雨却能怡然自得地在雨中漫步，过后，还为此作了一首词——

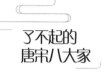

定 风 波

三月七日，沙湖道中遇雨，雨具先去，同行皆狼狈，余独不觉。已而遂晴，故作此词。

莫听穿林打叶声，何妨吟啸且徐行。竹杖芒鞋轻胜马，谁怕？一蓑烟雨任平生。

料峭春风吹酒醒，微冷，山头斜照却相迎。回首向来萧瑟处，归去，也无风雨也无晴。

这首词虽然篇幅短小，但内蕴丰富，意境深远，展现了苏

彩虹总在风雨后。

轼性情中人的精神追求。金朝文学家元好问曾赞扬苏轼说："唐歌词多宫体，又皆极力为之。自东坡一出，性情之外不知有文字，真有'一洗万古凡马空'气象。"在黄州生活的四年，成为苏轼一生之中文学创作的高峰时期。至此，他破茧成蝶，由才子苏轼蜕变为文坛巨匠苏东坡。

一贬再贬，造福百姓

1084 年，苏轼离开黄州，奉诏到汝州就任。上任路上经过九江，苏轼跟好朋友跑到庐山玩了一趟。

苏轼来到庐山，不光是爬山、赏景，还在这里触发了关于看待问题应该全面而不能片面的思考，他把这个观点写进了《题西林壁》这首诗里。这首诗会让读者产生对于"审美"这个课题的哲学探索——距离产生美。

题西林壁

横看成岭侧成峰，
远近高低各不同。
不识庐山真面目，
只缘身在此山中。

说到"审美"，苏轼曾经高度称赞王维的作品是"诗中有画，画中有诗"，这也是中国古人所追求的诗画艺术的最高境界。惠崇是北宋诗人、画家，他曾画过两幅《春江晚景》。苏轼为这两幅画创作了组诗《惠崇春江晚景二首》，苏轼的诗与惠崇的画珠联璧合，达到了诗画同源的境界。

惠崇春江晚景（其一）

竹外桃花三两枝，春江水暖鸭先知。

蒌蒿满地芦芽短，正是河豚欲上时。

"春江水暖鸭先知"这一句，原本在画面上是体现不出来的，但是融入了诗人独特的想象与理解之后，我们读到这一句诗的时候，就会感受到盎然的早春气息。清代文学家纪晓岚点评道："此是名篇，兴象实为深妙!"

　　1085年，十岁的宋哲宗接班当了皇帝，他的祖母——太皇太后高氏垂帘听政，废除了王安石的新法，以司马光为代表的旧派势力执掌朝政，开始大力提拔反对新法的人。四十九岁的苏轼被召还朝，不到一年就升了三次官，可以说是迎来了政治上的春天。

　　然而，此时的苏轼已经不是当年那个初出茅庐的苏轼了，这些年辗转各地的经历，让苏轼对老百姓的疾苦有了更切身的感受，对地方上存在的问题也有了更真实的认识。这促使苏轼转变了对变法的认识，他开始客观理性地看待以王安石为首的变法派的主张，并向司马光提出继续施行王安石变法中有一定合理性政策的建议。

　　性情耿直的苏轼尤其看不惯旧党当权后拼命压制支持王安石变法的官员的做法，还忍不住批评了旧党执政后的腐败现象，这么一来，新党和旧党都不拿他当自己人，苏轼落得两边不讨好。没办法，1089年，苏轼请求外调到杭州任职。

　　杭州人民一听说老领导苏轼回来了，欢呼雀跃，夹道欢迎。苏轼也不含糊，一上任就着手为老百姓干实事，先是修建公立医院救治当时染上瘟疫的百姓，还上奏朝廷，减轻灾区百姓的赋税负担。紧接着第二年他就带领人们疏通西湖，以促进农业生产，他命人把挖出的淤泥筑成一条纵贯西湖的长堤，用六座形态各异的小桥相接，堤两侧种植了桃树和柳树，春天一到便是满目的桃红柳绿，美如画卷。后人把这条长堤命名为"苏公

堤"，简称"苏堤"，这是苏轼留给杭州人民最好的礼物。

在杭州做太守期间，苏轼还写过一首《赠刘景文》，这是苏轼为勉励好友刘季孙（字景文）而创作的。

赠刘景文

荷尽已无擎雨盖，菊残犹有傲霜枝。

一年好景君须记，最是橙黄橘绿时。

这首诗写于1090年初冬。说到一年中最好的季节，我们一般都认为是万物萌生的春天，或者是果实累累的金秋，可是苏轼却偏偏说那橙子黄、橘树绿的初冬时节才是最美好的，因为初冬的时候代表高尚品格和坚贞节操的橘树生长得正盛。我们都知道，从屈原的《橘颂》开始，橘树就一直是备受文人青睐的"嘉树"，苏轼选择这个角度寄语好友，非常新颖独特，清代《唐宋诗醇》评价这首诗"浅语遥情"，非常恰当。

一生坎坷，好似飞蓬

1091年，苏轼被召回朝，不久再度被贬，调往颍州、扬州、定州等地。高太后去世后，变法派再度执政，而作为旧党的苏轼被贬得更远了，直接被发配到了惠州（今广东惠州）。

　　在惠州的两年里，年近六旬的苏轼生活相当窘迫，连吃菜都得靠自己种。即便如此，他还是把皇帝赏赐的黄金捐出来疏通惠州的西湖，修筑长堤，因此深受百姓的爱戴，而他也乐于就这样过着清贫却悠闲的日子。

　　但苏轼没想到会再一次被贬，本以为惠州就够远了，谁知没有最远只有更远，这回他被贬到了海南岛的儋州，那可真是远到了"天涯海角"，这下苏轼可算是在北宋疆域内把东南西北走了个遍。

　　别看现在海南岛是个旅游度假的胜地，那个时候的海南岛却是个没人愿意去的荒芜之地，不光贫穷落后，而且到处是毒虫瘴气，被贬到那里也就比被撤职好那么一点。

　　这事搁别人身上大概会得抑郁症，可苏轼却乐观面对，甚至还把儋州当成了自己的第二故乡，"我本海南民，寄生西蜀

州"。他在那里办学堂，开讲座，许多人不远千里慕名追到儋州，就为了能跟苏轼学习。在苏轼来之前的一百多年里，海南从来没有人考中过进士。但苏轼到那里之后，琼州人姜唐佐慕名到儋州向苏轼求学，并中了进士。临别前，苏轼在姜唐佐的扇子上题道："沧海何尝断地脉，珠崖从此破天荒。"直到今天，当地人都把苏轼看作是儋州文化的开拓者、播种人。

1100年，朝廷大赦天下，苏轼复任朝奉郎。此时的苏轼回望起自己大起大落的一生，不禁感叹："悟此长太息，我生如飞蓬。"苏轼一生，共历六十五载年华，期间一次入狱险些丧命，几次被贬流离失所，生活困顿，亲人离散，命运待苏轼可谓不公。但旷达乐观的苏轼却能笑对命运的不公，正如他在《赤壁赋》中说的"寄蜉蝣于天地，渺沧海之一粟"，人生嘛，不就是潇洒走一回吗？

1101年8月24日，北归途中的苏轼在常州（今属江苏）逝世，享年六十五岁。他留给后世的著作有《东坡全集》一百多卷，二千七百多首诗歌、三百余首词作，以及许多优美的散文。

著名历史学家钱穆先生说："苏东坡诗之伟大，因他一辈子没有在政治上得意过。他一生奔走潦倒，波澜曲折都在诗里见。"

千古食神，当属东坡

前面介绍的苏轼，是一位在文、诗、词三方面都具有极高造诣的大文学家。另外，他在书法、绘画等方面的成就也很突出，他的《寒食帖》被称为"天下第三行书"，在书法史上有很大的影响。

《寒食帖》又名《黄州寒食诗帖》或《黄州寒食帖》，由苏轼撰诗并书。这既是一首遣兴的诗作，又是行书的代表作之一，共有十七行，计一百二十九字。此帖是苏轼书法作品中的上乘之作，现藏于台北故宫博物院。

然而这还不是"全部"的苏轼，说到最后，我们有必要再隆重介绍一下美食家东坡居士。

据说中式菜肴里，有多达六十六道菜受到了苏东坡的影响，直接以他名字命名的菜肴大家更是可以一口气报上好多，比如东坡肉、东坡鱼、东坡豆腐、东坡凉粉、东坡羹、东坡饼……

宋人的笔记小说中有许多苏轼开发美食的记载。比如他在黄州，研制了红烧肉；在惠州，把荔枝吃了个够；就是在儋州这种偏远之地，除了研究出生蚝的吃法，还琢磨出了盐焗鸡这种美味！

最为难能可贵的是，他并不满足于只做一个吃货，更是立志要成为美食家，把美食带给更多的人品尝。他用荠菜、萝卜和米做成的东坡羹非常有名，吃过的人都觉得味道十分鲜美，纷纷向他请教。为此，苏轼还特意写了一篇《东坡羹颂并引》，里面详细记述了这道菜羹的做法。

东坡羹颂并引

东坡羹，盖东坡居士所煮菜羹也。不用鱼肉五味，有自然之甘。

其法以菘若蔓菁、若芦菔、若荠，皆揉洗数过，去辛苦汁。先以生油少许涂釜缘及瓷碗，下菜汤中。入生米为糁，及少生姜，以油碗覆之，不得触。触则生油气，至熟不除。其上置甑，炊饭如常法，既不可遽覆，须生菜气出尽乃覆之。羹每沸涌。遇油辄下，又为碗所压，故终不得上。不尔，羹上薄饭，则气不得达而饭不熟矣。饭熟羹亦烂可食。若无菜，用瓜、茄，皆切破，不揉洗，入罨，熟赤豆与粳米半为糁。余如煮菜法。应纯道人将适庐山，求其法以遗山中好事者。以颂问之：甘苦尝从极处回，咸酸未必是盐梅。问师此个天真味，根上来么尘上来？

我们今天常爱说"唯爱与美食不能辜负"，这大约也是东坡居士乐观精神的体现吧！最后提个小问题，苏轼曾经给自己起过一个绰号，叫作"老饕"，你知道是什么意思吗？

苏 辙

手足之爱千古情

　　苏辙（1039—1112），是苏洵的儿子、苏轼的弟弟。字子由，号颍滨遗老，眉州眉山（今属四川）人。北宋散文家。在政治上，他的态度与苏轼一致。苏辙在古文方面很有造诣，尤其擅长议论。他的作品秀洁从容，流畅有韵致。苏轼曾经非常真诚地夸赞自己弟弟说："子由之文实胜仆，而世俗不知，乃以为不如。其为人深不愿人知之，其文如其为人，故汪洋淡泊，有一唱三叹之声，而其秀杰之气，终不可没。"

共成长，兄弟亦是同窗学友

　　苏辙比苏轼小两岁，两人自幼同在母亲的关爱和父亲的教导下茁壮成长，彼此间有着深厚的感情。后人总喜欢把这哥俩放在一起比较，看看谁学问更大，谁诗文更佳，谁官职更高，谁是更"成功"的那个。其实，成功与否又怎么能以这些狭隘的标准来评判呢？每个人都有自己的人生征途要去闯荡，只要做到尽力而为、问心无愧，便是最大的成功。

　　要说读书学习，当年十九岁的弟弟苏辙能和二十一岁的哥哥苏轼成为同榜进士，本身就显示了苏辙的实力。如果说一次考试成绩好存在偶然性，有可能是"蒙"上了，但接下来，苏辙又和哥哥一起参加了那时候难度最高的制科考试。结果仍是兄弟两人双双金榜题名，这就证明了他俩可谓实力相当，堪称当时文坛一对熠熠闪光的双子星。仁宗皇帝非常欣赏苏辙在文章中敢于直指时弊甚至勇批龙鳞的胆识，对苏轼、苏辙两兄弟

更是赞赏有加，他兴奋地说："朕今日为子孙得两宰相矣。"(《宋史·苏辙传》)

朕今日为子孙得两宰相矣。

除了都是考霸，苏辙在文学创作方面也足以与哥哥比肩。还在两人少年读书之时，苏辙就胸怀壮志。他跟随父兄博览群书，小小年纪便喜欢谈论天下兴亡，一开口就讲国家治乱。

初发彭城有感寄子瞻

秋晴卷流潦，古汴日向干。扁舟久不解，畏此行路难。
此行亦不远，世故方如山。我持一寸刃，巉绝何由刊。
念昔各年少，松筠冈南轩。闭门书史丛，开口治乱根。
文章风云起，胸胆渤澥宽。不知身安危，俯仰道所存。
横流一倾溃，万类争崩奔。孔融汉儒者，本自轻曹瞒。
誓将贫贱身，一悟世俗昏。岂意十年内，日夜增涛澜。
生民竟憔悴，游宦岂复安。水深水益热，人知蹈忧患，
甄丰且自叛，刘歆苟盘桓。而况我与兄，饱食顾依然。
上愿天地仁，止此祸乱源。岁月一徂逝，尚能反丘园。

十九岁时苏辙就敢给当时的宰相韩琦写信："百氏之书，虽无所不读，然皆古人之陈迹，不足以激发其志气。恐遂汩没，故决然舍去，求天下奇闻壮观，以知天地之广大。"（《上枢密韩太尉书》）意思是说："诸子百家的书，虽然无所不读，但是都是古人过去的东西，不能激发自己的志气。我担心就此而被埋没，所以决心离开家乡，世界这么大，我得去看看！"

苏辙通过这篇文章提出的观点"文不可以学而能，气可以养而致"是中国文艺思想史上一大贡献。苏轼后来也提出了相同的见解，只不过比苏辙滞后了三年。

由此可见，苏辙与苏轼在亲缘上为一母同胞，在治学上是同道学友，在三观上更是相知相谐，难怪他俩能成为中国文学史上最为人称道的好兄弟。

同征途，手足更显血浓情深

苏辙与苏轼固然因为血缘的关系有着很多相同的地方，但在后来的人生路途之上，却也有着很多不同之处。

我们常说"性格决定命运"，苏辙和苏轼两人的性格差异其实非常大。苏轼性格外向，为人爽朗豪放，不但敢说而且敢做；苏辙则是典型的内向型，平日里沉默寡言，待人接物往往话到嘴边留三分。父亲苏洵正是因为在他们童年时就发现了他俩不同的性格特点，所以才会以"轼"和"辙"来给兄弟俩取名。对于苏轼，苏洵说："轼乎，吾惧汝之不外饰也。"苏洵希望苏轼善于掩饰自己的锋芒，这样才能避开祸事。对于苏辙，苏洵说："是辙者，善处乎祸福之间也。"苏洵希望苏辙像车辙一样，不遭祸，不争功，处于祸福之外。当苏轼与苏辙长大成人，尤其是步入仕途后，老父亲睿智的判断也得到了印证。

快人快语的苏轼果然有好几次因为"大嘴巴"惹祸上身，甚至在著名的"乌台诗案"中被投入大牢，险些丢了性命。苏辙看在眼里急在心中，他为了救哥哥连夜写了一封奏章，自请朝廷削去他的官职来替兄长赎罪，只求保住哥哥的性命："臣早失怙恃，惟兄轼一人，相须为命。……臣欲乞纳在身官，以赎兄轼，非敢望末减其罪，但得免下狱死为幸。"（《为兄轼下狱上书》）而身陷囹圄的苏轼以为自己这回大限将至了，不免懊

悔当初没有多听听弟弟的劝诫。苏轼知道自己太容易相信别人，不管跟谁说话，都喜欢畅所欲言。苏辙曾经对他说过，你要先了解对方，有的人是可以推心置腹的，而有的人绝不可以。想到此，苏轼悲从中来，提笔写下遗书，专门留给弟弟苏辙。

狱中寄子由（其一）

圣主如天万物春，小臣愚暗自忘身。

百年未满先偿债，十口无归更累人。

是处青山可埋骨，他年夜雨独伤神。

与君世世为兄弟，更结来生未了因。

苏辙读到这首诗，伏案恸哭，不能自已！但是他并没有因悲痛而失去理性，他让狱卒把诗稿原样带回去，并想办法让诗稿传到神宗皇帝手上。神宗皇帝看到这透着手足情深的词句，被深深打动，于心不忍，再加上当时朝廷中很多人为苏轼求情，就连王安石和太皇太后都站出来为苏轼说话，因此，神宗皇帝赦免了苏轼，苏轼终于大难不死，逃出生天。

苏轼出狱后，很快就被贬谪黄州。苏辙也受到牵连被贬江西，无奈何他只得扶老携幼，带着两大家子人一起出发。一路艰辛全依仗苏辙独立支撑，他到江西安顿好自己的家人后，还要将哥哥的一家老小安全护送至黄州。可以说他这个弟弟做得着实有大哥的风范啊！

简而言之，在这之后的人生旅途中，兄弟俩宦海沉浮，聚少离多，苏轼是一路走一路惹麻烦，而苏辙则是默默地跟在哥哥身后，一路帮他收拾烂摊子。苏轼能一直以一颗赤子之心在精神世界里自在地遨游，全倚赖苏辙在世俗的尘世中为他分担种种繁杂之事。他们是兄弟手足互帮互助，更是知己同袍相知相惜。算起来，苏轼在他一生所作中，提及"子由"（苏辙字子由）的诗篇竟多达上百首。

1097年，六十一岁的苏轼被贬儋州，五十九岁的苏辙被贬雷州。这对难兄难弟在途中聚首，看到对

方都早已不再是当初那个少年，而是霜染鬓发、步履蹒跚的老者，都唏嘘不已，不知这一次分别之后，何时还能再见……三年后，朝廷大赦天下，苏轼终于可以回家了。没想到却在从儋州北归途中，于常州病逝。他此生最大的遗憾，想必就是在临终前没能和弟弟苏辙见上最后一面："惟吾子由，自再贬及归，不复一见而诀，此痛难堪。"

苏辙忍住哀伤帮哥哥操持身后之事，卖掉了部分田产，并且把三个侄子接到身边来一起生活。当他着手整理苏轼在儋州留下的文稿时，看到"归去来兮，世无斯人，谁与游"，禁不住老泪纵横。次年，苏轼之子苏过遵遗嘱将父亲的灵柩安葬于汝州郏城县。这是当年苏轼与苏辙同游之地，兄弟俩认为这里很像故乡眉州，于是在此买了地，相约百年之后长眠于此。

晚年的苏辙谢绝了一切人际交往，在颍川修了间"遗老斋"专心闭门著书，为后世留下了《诗集解》《春秋集解》《老子解》《诗论》等总共九十四卷文稿。在苏轼离世十一年之后，苏辙于宋徽宗政和二年（1112年）去世，最终与兄长葬在了一起，享年七十四岁。朝廷追复他为端明殿学士，特赠宣奉大夫。

《宋史·苏辙传》中这样评价这段兄弟情："辙与兄进退出处，无不相同，患难之中，友爱弥笃，无少怨尤，近古罕见。"

苏辙曾说："手足之爱，平生一人。"

而苏轼则说："但愿人长久，千里共婵娟。"